Von Straßen und Städten

Ute Rott

Von Straßen und Städten

Gedichte

Bibliografische Information der Deutschen Nationalbibliothek:
Die Deutsche Nationalbibliothek verzeichnet diese Publikation in der Deutschen Nationalbibliografie; detaillierte bibliografische Daten sind im Internet über http://dnb.dnb.de abrufbar.

Satz & Layout: Franz Sonnenstatter, Hausham

PhiloCanis Verlag
Metzelthin 22
17268 Templin
mail: ute.rott@philocanis.de
www.philocanis.de

Herstellung:
BoD – Books on Demand, Norderstedt

ISBN: 978-3-94854806-3

Inhalt

ZIGEUNERLEBEN

Ich richte mich ein
unter flüchtigen Dächern.
Der Tag weht
durch die Zimmer
und die Nachbarn
nehmen
keinen Anteil.

Morgen ziehe ich um.
Eine Baustelle lockt
mit größeren Fenstern.

Drinnen - Draußen

Vor den Fenstern eine stille Dunkelheit und im hellen warmen Lokal die Essensgerüche und am Nebentisch die Frau mit Ehemann und Freundin beide Frauen mit gefärbtem Haar und edlen Händen und am Fenster die Amis die gurgelnd lange Reden halten und der Zeitungsleser im Eck und der einsame Trinker an der Bar und der grauhaarige Brillenträger ganz hinten ich kann nicht sehen was er macht und über allem leise Musik die alles zudeckt zuschmiert und stille beflissene Kellner und Kerzenlicht und Steinplatten auf den Tischen und zerschlissene Polster und trotzdem kommt der mit Plastikobst überladene Korb nicht von der Decke herunter um alles zu zertrümmern und auch kein unerwartet einsetzender Hagel zerschlägt die bodenlange Fensterfront es ist warm und gemütlich und die Vorhänge sind pastellfarben und die Drinks kosten einheitlich je nach Ziffer 7 8 9 Franken und vorne klingelt ein Handy aber nicht meins das steckt im Ladegerät und dann fahre ich mit dem Lift in den 2. Stock und gehe in mein Zimmer mein Zimmer bis morgen früh und keine Bombe schlägt ein und keine Rote Armee steht vor der Tür und morgen gehe ich frühstücken packe meinen Koffer begleiche die Rechnung und verschwinde von hier von dieser beruhigenden ewigen Insel aus Dampf und Gleichmut bis ich wiederkomme.

ERFAHRUNG

Fremd
bin ich den Städten
dieser Ansammlung
aus Begehrlichkeit und Schrott
Fremd
diesem Hochmut
woher?
warum?
Fremd
der Lärm
die Betriebsamkeit
Einsamer denn je
bin ich hier.

KAUM VÖGEL IN DER STADT

Kaum Vögel in der Stadt
Nur Tauben die
davoneilen
weil sie
verfolgt werden
Manchmal Zugvögel
Stare
zum Beispiel.

Wozu
sollten sie bleiben?

Kurzbesuch

Wind in den Straßen und vermooste Grabsteine als öffentliche Grünanlage und junge Männer in schwarzen Schlabberklamotten und Turnschuhen und Gel im Haar und diesen sinnlos zornigen Gesichtern und Stahlbeton auf zugigen Hügeln und verlorene Straßenzeilen am Stadtrand und Ausfallstraßen die an Flucht erinnern und Nieselregen neben allen anderen Klischees und der kleine Italiener im Radio 14 Jahre alt Eishockeystar in spe und dicke Menschen mit Plateauabsätzen an traurigen Füßen und gestylte Menschen mit diesem wäre-ich-nur-weiß-Gott-wo-Blick und ein freundlicher Parkwächter und zu viele Fragen und das Vorurteil von einer deutschen Stadt und eine trostlose Antwort.

Stadthaus

Seiteneingang
kühles Haus
hohe Wände
kahl weiß
Gewölbe

vom dunklen Eingang
hinauf
steigen

das Haus öffnet sich
die Stadt breitet sich aus
mit Kuppeln
Dächern
Abendlichtern.

Wiedermal Freiburg

Der Tag geht auch so vorüber es regnet gegen Abend und man weiß nicht ob man den Schirm aufspannen soll der Regen ist mild und warm und streichelt die Haut es ist schön ein kleines blaues Dach über sich zu tragen es ist schön den Regen zu spüren im Eck sitzt ein dreckiger Mensch mager und klein und braun von Dreck und Elend mit zwei drei vier Elendspäckchen in bewachbarer Nähe von vorne kommt eine junge Frau mit trotziger Gebärde stopft sie Pommes frittes in sich und merkt nicht wie die Hälfte zu Boden fällt wütend sieht sie jeden an der von vorn kommt der elende Mensch hebt vielleicht die Verlustmasse auf und in den Gräben plätschert beruhigend der Stadtbach und der Regen setzt ein wenig aus ein wenig ein und man blickt über alles souverän hinweg und erfreut sich am Stadtbild in der Unterführung sitzt einer mit brennender Bierdose neben sich und zwei singen mit geöffnetem Gitarrenkoffer vor sich und vieles ist wie früher und manches ist anders und man versucht die angenehmen Dinge zu sehen und ist es nicht egal ob man dick oder dünn sauber oder dreckig jung oder alt ist es ist nicht gleich wie man aussieht wo man lebt und herkommt und hingeht man weiß es nicht und traut sich keine Entscheidung zu und klappt den Schirm zusammen um in Karcher's Weinstube ein Pils zu trinken oder zwei oder drei und Salat zu essen mit Schinken und Ei und Käse oder Pfifferlinge oder Flammkuchen und um Leute zu beobachten und den Regen vor den Fenstern.

Besichtigung

In das Schweigen der Krypta
dringt die Sirene
des Rettungswagens
oder
der Feuerwehr?
Rundbogen
Spitzbogen
Kapitelle
Die Ampel schaltet um
rot, gelb, grün
freie Fahrt.
Parkbänke für Bettler.
Sommerschlußverkauf
Sonderangebot
Im Kreuzgang
die junge Taube

Hindernisse

Es spielt keine Rolle wo man herkommt man kennt sich aus muss nicht lange suchen das große M ist überall wartet auf mit Spezialitäten der Welt die Menschen haben Plastikbecher in einer Hand Essklumpen in der anderen sie freuen sich am Krach ringsum und tanzen der junge Mann ist allein viele Liebespaare in der Stadt immer haben die Widerlinge die hübschen Mädchen Kneipenmusik Blechmusik Geschrei Gelächter der junge Mann rauft sich die Haare im Nacken er überlegt ob er die Frau anreden soll sie sitzt auch allein am Tisch und trinkt ihren Wein sie beobachtet die Menschen auf der Straße und trinkt ihren Wein und der junge Mann dreht sich weg immer neue Menschen gehen vorüber es reißt nicht ab es wird lauter lauter alle sind vergnügt darum schreien sie und lachen dem junge Mann ist nicht zum Lachen die Frau interessiert sich nicht für ihn er geht wild entschlossen Kinder laufen durch die Straßen in historischen Kostümen morgen sind sie wieder unkenntlich auf der anderen Seite des Flusses ist es ruhig wie ausgestorben nur hier hat die Heiterkeit kein Ende und der junge Mann kauft sich noch ein Bier und sucht auch heute noch sind Flüsse Hindernisse.

See Abend

Ausflugsdampfer
angelegt
vertäut
Platanen werfen Blätter zu Boden
Zugvögel in den Bäumen
Schwäne auf dem Wasser
Möwen in der Luft
und wieder einmal der Neid
auf Liebespaare und Hundebesitzer
Fisch
im Abendgrau
im Vogelgeschrei
zwischen schaukelnden Masten und raschelndem Laub.

Kommunikation

Man kann einfach nicht den Mund halten während alle reden und reden so gemütlich plauschen und selbst sitzt man da und hat kein Gegenüber nicht mal einen Hund dem man Anweisungen geben könnte die Kellnerin kommt ab und zu vorbei und man bestellt sich Wein Eis Kaffee es nützt nix man ist nicht beteiligt am Geschehen also schafft man Abhilfe wozu ist man ein moderner Mensch man greift zum Handy und jetzt darf man reden weiß einer ob jemand am anderen Ende sitzt es ist auch völlig gleichgültig wichtig ist dass man sprechen darf offiziell laut reden darf wer ein Telefon in der Hand hält beteiligt sich an der allgemeinen Kommunikation gehört dazu nicht nur die anderen irgendwelche Worte gurgelt man in den Hörer manch einer wundert sich da sitzt doch nur einer am Tisch ach denkt er der telefoniert ja warum auch nicht man fühlt sich gleich ganz anders vielleicht ist es auch eine wichtige Unterhaltung vielleicht schließt man ein Geschäft ab über viele Millionen Mark und hat bei Wein Eis Kaffee nur auf den entscheidenden Moment gewartet es weiß ja keiner vielleicht ruft man den Anrufbeantworter an oder die Zeitansage oder redet halt so in den Hörer es weiß ja keiner aber man ist legitimiert und keiner darf sagen du musst dein Maul halten weil du allein am Tisch sitzt man ist großartig weil man mit Unbekannten geheime Dinge bespricht und die anderen sitzen bloß rum und plaudern sie wickeln nichts ab oder rufen den Anrufbeantworter an sie sind unbedeutend und dann zahlt man und steht zufrieden auf zieht den Mantel an und geht und man braucht auch keinen Hund der würde nur an der Leine ziehen und bellen und rumscheißen man hat sein Handy das tut's doch.

FLUCHT

Vor allem
hinterher
hinter allem
voraus
keine Schnecke
aber ein Schnellzug
unentwegt
mit rasender Geschwindigkeit

Raststätte – nachts

Schwarz
meine Kehle
50 Pfennig
für die Clofrau
müde Türken
rauchend
vor Kaffee und Videos
untermalt vom Verkehrsfunk
holländische Campingidylle
– oder waren es Polen? –
am überfüllten Parkplatz
zirpende Grillen
fluchende Tankwarte
und noch 250 Kilometer.

Kleine Schwester

Fußball im Fernseher unter ihm die Amis die ihre Angeberei durch die Lokalität gurgeln und die kleine Schwester hinterm Tresen alles im Griff keiner macht uns an allerlei Menschen die Billard spielen Japaner Dänen Amis und ich mittendrin wir trinken Bier Martini on the Rocks and everything else und die kleine Schwester lächelt wie ich vor 20 Jahren keiner geniert sich so wenig wie die Amis sie erzählen all about their life alle anderen eifern ihnen nach aber wir nicht kleine Schwester ich bitte dich es ist so schamlos und interessiert keinen trinken wir noch ein Bier frieren unter dem Ventilator schauen den Billardspielern zu beobachten die Japaner träumen von anderen Dingen hinter harten Augen weil wir so cool gar nicht sind.

ABHEBEN

Dieser Moment
wenn der Lärm versinkt
und nur
der Himmel
bleibt
Spuren eines zärtlichen Malers
die Abendfarben
und das Land
leuchtet

Illusion.

Bundesstraße 27

Drei Flugzeuge stehen hintereinander vielleicht wie Orgelpfeifen obwohl der Vergleich nicht stimmt sie sind ja gleich groß lang breit woher soll ich das wissen bei der Entfernung die Bundesstraße davor ein Autoscooter am Fließband und die Hügel die vorsichtig verschwinden und die Regenwolken weißgrau und Apfelblüte und ein Riesengebäude im Hintergrund eine Schreckensburg oder ein Wohnsilo was weiß ich alle diese Vergleiche sind so platt und schrecklich wie der Bau vielleicht beginnt die wirkliche Welt erst hinter dieser Wolkenbank vielleicht klingeln dort keine Handys ins Abendessen hinein vielleicht hält dort niemand erniedrigende Monologe über Kunden und Zahlen und Betriebsversammlungen wie der hellstimmige Mann dahinten der keine Fensterplätze mag mit Ausblick auf Drillingsvögel auf Hügel und Schreckensburgen und Wolkenwände und Regenstreifen vielleicht redet dort keiner Neudeutsch sondern so wie ihm der Schnabel gewachsen ist vielleicht zählen Zahlen dort nicht mehr sondern Gedichte Edith Södergrans Gedichte oder Rilkes oder Hilde Domins Gedichte oder auch meine vielleicht ist dort die Angst vor dem Elend in Hirn- und Herzregionen größer als die Angst vor dem Abstieg dem Versagen dem kleineren Auto dem Ansehensverlust welches Ansehen überhaupt wer sieht hier wen an ganz grundsätzlich mal wer sieht mich an wer urteilt über mich nach dem Ansehen wer weiß wer ich bin keiner weiß irgendwas und drum soll er sein Maul halten es geht ihn nix an dass die Drillingsvögel wichtiger sind als alle Handys der Welt dabei will ich nicht fliegen ich will sie nur ansehen ihren Widerwillen gegen das Chaos die Hektik ihre Sehnsucht nach der Ruhe hinter der Wolkenbank spüren gelassen verfolgen sie das Abheben ihres Freundes der Frieden selbst sind sie und dabei verfrachten sie nur die Hektik von hier nach dort mit Gleichgültigkeit ihre Schönheit gibt ihnen recht warum soll ich ihnen das vorwerfen meine Liebsten sollten jetzt da sein dann hätte ich kein Würgen im Hals dann könnten wir die Drillingsvögel ansehen und uns an der Wolkenbank über den Hügeln den Obstbäumen freuen dann könnten wir Edith Södergrans Gedichte lesen und die Einsamkeit in ihren Worten finden die Einsamkeit der finnischen Seen die Einsamkeit der Hotels die Einsamkeit der überfüllten Autobahnen und die Verzweiflung über ein Leben das zu kurz ist so oder so auch wenn wir später sterben.

Momentaufnahmen

Der morgendliche Stau im Nebel
zwischen Moitzfeld und Refrath
A 4
oder der Unfall
goldener Oktober
mit Sommertemperaturen
bei Heidingsfeld
A 3
oder der Lichtorgler
am Brunntaldreieck bei Sonnenaufgang
neben dampfenden Wäldern
A 99
oder die zarten Schleier am Abendhimmel
in der Holledau
oder der flüchtige Blick
auf die Kulisse Ingolstadts
von der Donaubrücke
A 9
Lüneburg im Regen
oder Freiburg in der Frühlingssonne
oder
das Glück im Stau
A 5
hinter Baden-Baden
wenn durch das geöffnete Fenster
ein Vogel singt.

Unterwegs

Tag und Nacht laufen
bis die Füße schmerzen
ein Ziel vor Augen
eine Annäherung
eine Entfernung.

Tag und Nacht laufen
bis die Füße schmerzen
bis das Ziel vergessen ist
die Annäherung misslingt
die Entfernung wächst ins Unendliche.

Tag und Nacht laufen
bis die Füße schmerzen.

Stilleben

Am Stein kauert er sein kleines Gesicht mit dunklen runden Augen unter schwarzen Locken der Hund neben ihm weiches schwarzgraues Fell die zärtlichen Augen auf ihn gerichtet ohne Unterlass streichelt er den Hund hingebungsvoll liebevoll jung sind sie beide leicht schwebend kauern sie an ihrem Stein die schmale Schachtel vor ihnen füllt sich von allein vor allem Frauen werfen Geld hinein mit leisen Seufzern und sehnsüchtigen Blicken sie beachten es nicht sie sehen sich an befragt antwortet er leise scheu und seine Augen sind ratlos weit weg Pech hat er gehabt und der Hund auch aber jetzt geht es ihnen besser oder sieht man vielleicht nicht wie hübsch das Fell glänzt unablässig streichelt er den Hund der sich vor Vergnügen auf den Rücken rollt unterwürfig und scheu lächelnd wie sein Herr am nächsten Tag fährt er auf Rollerskates durch die Stadt und er ist nicht mehr klein und unterwürfig und der Hund umkreist ihn bellend er darf ihn nicht verlieren sie fliegen dahin und er ist groß und schmal mit langen Beinen und seine Augen sind sehr anwesend sie blitzen vor Freude wie er durch die Menge gleitet und der Hund schmiegt sich noch im Laufen an seine Beine voll Glück über die Nähe die Bewegung und so entschwinden sie in der Masse der Menschen im Gewimmel der Autos in der Stadt.

Kaiserdom

Der Sandstein türmt sich auf
seit Jahrtausenden
scheint dir.
Dein Nacken schmerzt
von der Anstrengung des Schauens.

Auf dem Weg in die Krypta
ordnet die Frau vor dir
ihr Haar
ihre feingliedrige Hand
steckt die Nadeln
fester.

Kaiser Rudolfs trauriger Mund
Grabplatten.

Der Steinmetzhammer
dröhnt
in die diffusen Klänge der Orgel.

Platanen am Domplatz
werfen ihren Schatten in den Sand
Papierkörbe stehen bereit
und der Kiosk.

Für Informationen
und Eis
und Zigarettenschachteln.

Auf der Autobahn
schaust du zurück.
Fragst dich
wer hier wen grüßt.
Und warum.

Multikulti

Der Mann hat ein buntes Wollmützchen auf er geht vorbei und murmelt da wird man älter und älter er geht die Straße hinunter vorbei an jungen Männern mit Pitbull an der Leine und Handy in der Gürteltasche da wird man älter und älter und die jungen Männer haben hungrige Augen und schwarze Augen da wird man älter und älter manch einer ist betrunken die Mädchen schwanken auf Plateausohlen und stellen ihre Beine zur Schau aber die jungen Männer sehen nur in die Ferne dorthin wo die Karstadtreklame blinkt oder die von Bizim Hos Market Kasap da wird man älter und älter verschleierte Frauen schieben Kinderwagen vorüber sie sind verkleidet 10 m unter dem Erdboden die Mädchen lachen verächtlich und werfen begehrliche Blicke auf die jungen Männer aber die haben keine Zeit wer weiß auf was sie warten vielleicht auf Skins oder den Drogenkurier oder auch nur dass der Abend vorübergeht da wird man älter und älter und er geht vorbei die Straße hinunter.

Unsicheres Dasein

Das erste Haus steht auf dem Hügel
das zweite im Garten
das dritte an der Straße.

Unterspült vom Wasser
verweht vom Wind
vergraben im Sand.

Hin und wieder
blüht etwas
neben der Tür
die sich nie öffnet.

Das ist alles.

Betreten verboten

Die Idylle am Fluß wurde verriegelt.
Der Schlüssel
liegt seit langem
im Wasser.

Wer weiß,
ob er nicht schon
ins Meer
geschwemmt wurde.

Wege

Alle Schleichwege bekannt
Alle Umwege erfahren
Wer kommt ans Ziel?

Auch heute noch
sind Flüsse
Hindernisse.

Warten

Lange schon
hat er sich verabschiedet
und dem Haus
den Rücken gekehrt

Seitdem
steht es da
wartet
auf sein Kommen.

Eingedenk
besserer Zeiten
bewacht es die Straße
und hofft
und verfällt.

Vermächtnis

... denn wer die laute Straße nimmt,
den nimmt die laute Straße ...
Erich Fried, Wegelied

Ich gebe dir eine Wegbeschreibung,
und wir wissen nicht,
wo sie dich hinführt.

Folge den Alleen langgezogener Hügelketten
den Silhouetten verlorener Stadtansichten
und dem verwaschenen Halbmond.

Das Rauschen
von Rädern, Motor und Wind
wiegt dich in Sicherheit
aber
die Rücklichter vor dir
und
die Scheinwerfer in den Spiegeln
müssen deine Zweifel wecken ...

Biege ab von der lauten Straße
in der Abenddämmerung.

Ich vermache dir einen Weg.
Und ich weiß nicht,
wo er dich hinführt.

Aber ich hoffe sehr,
daß du ankommst.

Jedes Mal

wenn du eine Tür hinter dir schließt
die ersten Schritt aus dem Haus machst
einsteigst in
Auto Bus Bahn
jedes Mal
wenn du weggehst
vorher weißt du dann
ob du zurück kommst?

Ute Rott lebt mit ihrem Mann und ihren Hunden in der Uckermark. Sie schreibt seit über 50 Jahren Gedichte. Der vorliegende Band enthält Gedichte aus ihrer Zeit im Außendienst in den 90er Jahren.

Ute Rott

als ich hier ankam

Gedichte

PhiloCanis

ISBN 978-3-94854802-5